BEI GRIN MACHT SICH IHR WISSEN BEZAHLT

- Wir veröffentlichen Ihre Hausarbeit,
  Bachelor- und Masterarbeit

- Ihr eigenes eBook und Buch -
  weltweit in allen wichtigen Shops

- Verdienen Sie an jedem Verkauf

Jetzt bei www.GRIN.com hochladen und kostenlos publizieren

Bibliografische Information der Deutschen Nationalbibliothek:

Die Deutsche Bibliothek verzeichnet diese Publikation in der Deutschen National-
bibliografie; detaillierte bibliografische Daten sind im Internet über http://dnb.d-
nb.de/ abrufbar.

Impressum:

Copyright © 2018 GRIN Verlag
Druck und Bindung: Books on Demand GmbH, Norderstedt Germany
ISBN: 9783668928596

Manuel Gleich

Körpersprache im Sportunterricht

Warum sollten Lehrkräfte sich mit dem Thema Körpersprache auseinandersetzen?

GRIN Verlag

GRIN - Your knowledge has value

Der GRIN Verlag publiziert seit 1998 wissenschaftliche Arbeiten von Studenten, Hochschullehrern und anderen Akademikern als eBook und gedrucktes Buch. Die Verlagswebsite www.grin.com ist die ideale Plattform zur Veröffentlichung von Hausarbeiten, Abschlussarbeiten, wissenschaftlichen Aufsätzen, Dissertationen und Fachbüchern.

Besuchen Sie uns im Internet:

http://www.grin.com/

http://www.facebook.com/grincom

http://www.twitter.com/grin_com

Pädagogisches Fachseminar Karlsruhe
Fachkombination: Sport – AuG (2016 - 2019)

Seminararbeit

Körpersprache im Sportunterricht
- warum sollten sich Lehrkräfte mit dem Thema Körpersprache auseinander setzen?

Abgabedatum: 24.09.2018

Inhaltsverzeichnis

Im Sinne einer geschlechtergerechten Sprache wird im Folgenden auf die ausdrückliche Erwähnung der maskulinen Form von „Lehrerin" und „Schülerin" verzichtet, da diese bereits im Wort enthalten ist.

Einleitung

Um sich mit dem Thema Körpersprache auseinandersetzen zu können, muss man zuerst das kommunikative Verhalten eines Menschen betrachten. Denn das wechselt in der Regel, je nachdem in welcher Situation oder Rolle er sich befindet. Mal verhält man sich zurückhaltend, mal bestimmend oder ein andermal distanziert. Schulz von Thun unterscheidet acht verschiedene Kommunikationsstile und ist der Ansicht, dass den meisten Menschen alle acht Stile zur Verfügung stehen und dass sie auch vermischt werden. Sie beschreiben jeweils eine bestimmte Art mit Menschen umzugehen. Man unterscheidet den bedürftig-abhängigen Stil, den helfenden Stil, den selbstlosen Stil, den aggressiv-entwertenden Stil, den sich beweisenden Stil, den bestimmenden-kontrollierenden Stil, den sich distanzierenden Stil und den mitteilungsfreudigen-dramatisierenden Stil (vgl. Eichler/Pankau 2018a). Diese Kommunikationsstile werden nicht nur verbal, sondern auch nonverbal durch Körpersprache deutlich.

Wer eine Unterrichtsstunde anhand einer Filmaufnahme anschaut, ohne dass der Ton eingeschaltet ist, kann schon einiges – auch ohne viel von Pädagogik zu verstehen - über den Kommunikationsstil im gezeigten Unterricht aussagen, ohne zu wissen, worüber gesprochen wird. Zum Beispiel erkennt man, indem man auf körpersprachliche Signale wie Mimik, Gestik, Blickkontakt, Körperhaltung und das Verhalten im Raum achtet, ob die Lehrerin die Schülerinnen wertschätzt, ob sie streng, distanziert, fröhlich oder missmutig ist und wie die Kinder auf sie reagieren, ob sich die Kinder langweilen oder interessiert sind (vgl. Argyle 2013, S.109). Die Körpersprache der Kinder im Unterricht zu entschlüsseln, ist unumstritten wichtig, dies näher zu thematisieren, würde jedoch den Rahmen dieser Arbeit sprengen, die sich mit der Körpersprache der Lehrerin im Unterricht befasst.

„Eine passende Körpersprache kann Lehrkräfte darin unterstützen, die gewünschte Wirkung zu erzielen und überzeugend aufzutreten" (Timpner/Eckert 2016, S. 9). Wichtig ist zu wissen, dass mit der Körpersprache immer Botschaften ausgesendet werden, auch wenn man nichts sagt, denn „Man kann nicht nicht kommunizieren" (Watzlawick et al. 2011, S. 60).

Die Bedeutung der Körpersprache für die Schule und den Unterricht wird weitgehend unterschätzt und ist erst in den letzten Jahren in das Interesse der Forschung gerückt. So hat zum Beispiel Bernd Hackl, der Professor für Schulpädagogik an der Karl-Franzens-Universität in Graz ist, mit seinem Team über drei Jahre lang anhand von Videoaufzeichnungen untersucht, welche Rolle die Körpersprache für den Unterricht spielt. Das Ergebnis dieser Untersuchung zeigt, „Es ist die Körpersprache der Lehrenden, die den Unterricht glaubwürdig macht und darüber entscheidet, ob Lernprozesse entweder ausgelöst werden können oder eben auch nicht" (Schattenblick 2016). Diese entscheidende Rolle, die das Auftreten der Lehrerin ausmacht, lernt man nicht mit von älteren Kolleginnen oft durchaus gut gemeinten „Tipps, in der Art von >>Stellen Sie sich vorne hin und warten Sie, bis es ruhig ist<< - man kann mitunter bis Weihnachten warten" (Plath 2010, S. 10f.). Ebenso wenig helfen Tipps gegen Störerinnen, die eine lautstarke verbale Zurechtweisung mit darauf folgender Strafarbeit vorschlagen. „Nonverbale Botschaften hingegen, die auf der unbewussten Ebene laufen, sind Einfluss. Sie sind sanfter. Sie blamieren den Schüler nicht und behandeln ihn daher respektvoller. Sie schenken uns Zeit – Zeit, die uns die Gelegenheit gibt, ‚abzukühlen' und mit Perspektive zu handeln. Sie sind ‚Geheimsignale', die von den Schülern entweder als ein gemeinschaftsbildendes Klassenritual aufgenommen werden oder wenn sie auf der unbewussten Ebene wahrgenommen werden, gar nicht auffallen" (Nitsche 2005).

Welche Auswirkungen die Körpersprache der Lehrerin auf die Klasse hat, dass nämlich das Verhalten der Schülerinnen die Verhaltensweisen der Lehrperson spiegelt, ist dieser häufig nicht bewusst. „Die meiste Zeit wissen wir aber gar nicht, was wir über unsere Körpersprache aussenden – obwohl doch eigentlich jeder weiß, dass nonverbale Signale eine stärkere Wirkung haben als verbale. Unter diesem Blickwinkel ist es geradezu unglaublich, dass Lehrer/innen in ihrer Ausbildung nichts über Statusverhalten und die damit eng zusammenhängenden Wirkungen von körpersprachlichen Signalen lernen" (Plath 2010, S. 13). Für den Unterricht gilt, dass mit einer gelungenen Körpersprache eine größere Aufmerksamkeit erreicht werden kann und Störungen vermieden werden können (vgl. Timpner/Eckert 2016, S. 10). Gerade weil die Körpersprache diesen bedeutenden Einfluss auf das Unterrichtsgeschehen hat – man geht davon aus, dass etwa zwei Drittel unserer Kommunikation ohne Worte stattfindet (vgl. Heidemann 2003, S. 85) - und sie in der Lehrerinnenausbildung kaum Erwähnung findet, muss sich die Fachlehrerin eigenverantwortlich mit dieser Thematik auseinandersetzen. Aus diesem Grund beschäftigt sich die vorliegende Seminararbeit mit der Körpersprache der Lehrerin im Sportunterricht. Dieser findet unter erschwerten Bedingungen statt: Der große Raum der Turn- oder Schwimmhalle mit meist schlechter Akustik, der Lärm, die großen Aufforderungen der Umgebung und vieles andere erfordern eine stets präsente Sportlehrerin (vgl. Brodbeck 2002, S. 7). „Im Vergleich zum Kanon-Unterricht mit einer mehr oder weniger festen Sitzordnung, muss der Kommunikations-Raum Sporthalle immer wieder anders von den Sportlehrer/innen gestaltet werden" (ebd.). Dabei ist „ein bewusster Umgang mit der Körpersprache" (ebd.) ein erstrebenswertes Ziel.

Es gilt zunächst zu klären, was unter Körpersprache zu verstehen ist und wie sie interpretiert werden kann, um dann auf ihre spezielle Bedeutung im Sportunterricht einzugehen. Zuerst werden Mimik, Gestik, Blickkontakt, Körperhaltung und Proxemik näher beleuchtet, wobei der schulische Kontext bereits berücksichtigt wird. Das Ziel dieser Seminararbeit ist es, darzustellen, wie mit Hilfe der Körpersprache guter Unterricht gelingen kann. Es soll untersucht werden, welche Rolle die körpersprachlichen Signale einer Lehrerin spielen und wie sie diese erfolgreich in ihrem Unterricht einsetzen kann.

Definition

Das Wort Körpersprache ist ein Determinativkompositum und bedeutet die Sprache des Körpers, also die Art und Weise, wie mit dem eigenen Körper das Gesagte oder auch etwas Unausgesprochenes verdeutlicht wird. Körpersprache kann definiert werden als „jede bewusste oder unbewusste Bewegung eines Körperteils oder des ganzen Körpers, die von einem Menschen dazu benutzt wird, der Außenwelt emotionale Botschaften zu übermitteln" (Fast 2000, S. 9).

Körpersprache und ihre Interpretation

In der Körpersprache „wird der Vorgang der Umcodierung von Gedanken in Materie sichtbar" (Molcho 1997, S. 15). Sich bewusst zu machen, dass man ständig körpersprachliche Signale aussendet, ist im Berufsleben wie auch sonst bedeutsam, denn die verbale und die Körpersprache sollten übereinstimmen (vgl. ebd., S.26). „Ein bewusster Umgang mit der Körpersprache kann die Selbstwirksamkeit im Schulalltag erhöhen" (Timpner/Eckert 2016, S. 10). Jede Lehrerin sollte deshalb sich und ihre Körpersprache persönlichkeits- und situationsbezogen überprüfen und eine eigene individuelle Körpersprache entwickeln (vgl. ebd., S. 12). „Wichtige Voraussetzungen für eine gute Klassenführung sind neben der Sachkompetenz und einer guten Planung des Unterrichts eine souveräne Präsenz, eine klare nonverbale Kommunikation sowie eine positive Lehrer-Schüler-Beziehung. Eine souveräne körperliche Ausstrahlung mit einer selbstsicheren und wertschätzenden inneren Haltung wirkt überzeugend und gibt Schülern das Gefühl, geschätzt und wahrgenommen zu werden" (ebd., S. 12f.). Also wirkt sich eine gute Körpersprache sowohl auf die Motivation wie auch auf die Zusammenarbeit positiv aus (vgl. ebd., S. 14). Da Lehrerinnen von ihren Schülerinnen aufmerksam beobachtet und ihre Körpersignale meist unbewusst und schnell beurteilt werden, sollten sie „sich bewusst mit Körpersprache auseinanderzusetzen, um Körpersignale auf ihre Wirkung hin zu beobachten und gegebenenfalls zu verändern" (ebd., S. 14f.). Meistens verstehen Schülerinnen die Körpersprache ihrer Lehrerin besser als sie selbst, der sie sich allzu häufig gar nicht bewusst ist (vgl. Griesser 2012). Schülerinnen reagieren symmetrisch auf das Verhalten ihrer Lehrerin. So schauen sie zum Beispiel, wenn eine Lehrerin sie einschüchtert, ängstlich weg. Nichtsprachliche Kommunikation ist also wie die sprachliche wechselseitig und Unterricht wird im Wesentlichen dadurch bestimmt, was getan und nicht, was gesagt wird. Die vorherrschende Kommunikationsform bei Lehrkräften ist folglich, etwas ohne Worte zu lehren, und darüber denken die wenigsten nach (vgl. Eikenbusch 2012).

Der in der Einleitung erwähnte Projektleiter Hackl sieht Gemeinsamkeiten zwischen Schauspielerinnen und Lehrerinnen. Obwohl es Unterschiede gibt zwischen dem Unterrichten und einer Theateraufführung, müsse beides glaubwürdig inszeniert werden, Schauspielerinnen und Lehrerinnen müssten „ihre Aufgabe in physischer Präsenz und Interaktion erfüllen, ein schwer kalkulierbares Publikum gewinnen und das in einem vorgegebenen knappen Zeitrahmen erfüllen" (Schattenblick 2016). Diese Parallelen zwischen dem Theater und der ‚Bühne' im Klassenraum bestehen tatsächlich, denn es hat Wirkungen, wo die Lehrerin steht und wie sie sich bewegt und dies muss sie sich bewusst machen (vgl. Müller 2008, S. 26). Man könnte es auch folgendermaßen umschreiben: „Alle körpersprachlichen Signale gemeinsam bilden eine hintergründige Bühne (hidden agenda), auf der die Inhalte des Unterrichtes (>>vordergründig<<) verhandelt werden" (Eichler 2008, S12).

Schwierig wird es, wenn man die Körpersprache nicht bewusst einsetzen kann. Dies bringt sowohl gesellschaftliche wie auch berufliche Nachteile (vgl. Fast 1997, S. 85).

Obwohl Lehrerinnen Schülerinnen gegenüber „im gesellschaftlichen Hochstatus" (Plath 2010, S. 11) sind, müssen sie sich damit abfinden, dass viele dieser gesellschaftlichen Codes heute nicht mehr gelten und sich Gedanken um ihren Status machen, der eng mit körpersprachlichen Signalen zusammenhängt (vgl. ebd., S.11f.). „Die Wichtigkeit der Körpersprache ist unumstritten" (Meyer 2008, S. 371).

Da also Erziehen und Unterrichten eng mit den körpersprachlichen Signalen Mimik, Gestik, Blickkontakt, Körperhaltung und Proxemik verbunden ist, soll im Folgenden näher darauf eingegangen werden.

Mimik

„Mimik wird in Zusammenhang mit ‚Gebärden und Mienenspiel eines Schauspielers' genannt. Das Wort lässt sich von Mimikry (= Schutzfärbung, Anpassung) ableiten. Unsere Gesichter (Gesichtssinne) sind also Ausdrucksbereich für die Bühne unserer Gedanken, Gefühle und Absichten" (Mühlisch 2007, S. 62). Unter Mimik verstehen wir die „Meist unwillkürliche Ausdrucksbewegungen des Gesichts durch komplexe Innervation der Gesichtsmuskulatur. Beim Gesunden spiegelt die unwillkürliche Mimik das aktuelle seelische Befinden (Gefühle, Stimmungen, Willensregungen) wider" (Dirnberger 2016). An der Gesichtsmuskulatur zeichnen sich positive und negative Signale ab. „Führt die Bewegung nach oben, wie beim Lächeln oder Lachen, stellt sich eine positive Wirkung ein. Die fallende, nach unten ziehende Bewegung wirkt negativ, sie steht für Müdigkeit, Anspannung und Energieverlust" (Molcho 2009, S. 54).

Man geht davon aus, dass die Mimik vier Funktionen erfüllt: Sie macht persönliche Eigenschaften erkennbar, spiegelt Emotionen wider, weist auf die innere Beteiligung des Einzelnen hin und regelt Interaktionsabläufe (vgl. Allhoff/Allhoff 2006, S. 34).

Paul Ekman führte in den 1960er Jahren Studien über die Wirkung von Mimik durch und legte Probanden aus fünf Ländern dafür Fotografien mit verschiedenen Gefühlszuständen von Menschen vor (vgl. Ekman 2017, S. 4). Das Hauptergebnis seiner langjährigen Forschungen war die Erkenntnis, dass der Mensch rund 10000 unterschiedliche Gesichtsausdrücke annehmen kann. Ekman konzentrierte sich auf die, die Gefühle widerspiegeln (vgl. ebd., S. 19). Dabei fand er sieben Basisemotionen heraus, die auf der ganzen Welt einen charakteristischen

Gesichtsausdruck hervorrufen. Danach sind Angst, Ekel, Trauer, Zorn, Verachtung, Freude und Überraschung von einer typischen Mimik begleitet und von Bewohnern der verschiedensten Länder der Welt leicht zu erkennen (vgl. ebd., S. 82). Damit hat Ekman bewiesen, dass die Verbindung von Gefühl und Gesichtsausdruck angeboren sein muss. Ein Beweis hierfür ist auch die Tatsache, dass von Geburt an Blinde diese Basisemotionen ebenso ausdrücken. Wie intensiv ein Gefühl gezeigt wird ist allerdings kulturbedingt (vgl. Caswell/Neill 2009, S. 32). Es gibt „Gesichtsausdrücke, die durchaus universelle Gültigkeit haben, wie zum Beispiel ein ängstliches Gesicht, doch kann es in einigen Kulturen (wie etwa in Japan) als unschicklich gelten, sie in der Öffentlichkeit zu zeigen" (ebd., S. 32). Ebenso verhält es sich mit dem Lächeln und dem Lachen. Während in den USA viel gelacht wird, lachen zum Beispiel japanische Männer in der Öffentlichkeit gar nicht. In arabischen und südamerikanischen Ländern lacht man dagegen laut und ungeniert (vgl. Matschnig 2012, S. 134).

Auf jeden Fall liegt eine der wichtigsten Ausdrucksformen von Emotionen in der Gesichtsmuskulatur. So kann die Mimik etwas Gesagtes unterstreichen oder die Einstellung zum Gegenüber zeigen, ebenso können Interesse wie auch Desinteresse von ihr abgelesen werden (Eichler/Pankau 2018).

Über die Mimik kann aber auch etwas vorgespielt werden, was gar nicht empfunden wird. Dies ist allerdings durch Veränderungen im Gesichtsausdruck feststellbar, „denn sogar in den selbstbewußtesten Gesichtern sind winzige Ausdrucksveränderungen zu erkennen, die dem geschulten Auge die Wahrheit verraten. Die geringfügigen Veränderungen werden durch die blitzartige Fähigkeit des Gesichts verursacht innere Gefühle zu spiegeln" (Heidemann 2003, S. 107). Man kann sie nur bei sorgfältiger Beobachtung durchschauen, die meisten Menschen bemerken sie jedoch nicht (vgl. ebd., S. 107). Die Körpersprache kann aber nicht lügen, weil Gedanken und Empfindungen motorisch übersetzt werden und „ein verspanntes Gesicht, ein falsches, flüchtiges Lächeln" (Molcho 1997, S. 110) der Ausdruck dafür sind, „dass die Harmonie des Bewegungsablaufs im Gesicht - denn natürlich ist die Mimik auch ein Bewegungsablauf – gestört ist" (ebd.). Beim falschen Lächeln lächeln die Augen nicht mit, der Mund bleibt möglicherweise gespannt in einer Linie und zieht sich nicht nach oben (vgl. ebd.). „Das Gesicht ist der wichtigste Bereich des Körpers für nonverbale Signale. Durch seine hohe Ausdruckskraft kann es besonders gut Informationen senden und wird daher am meisten beachtet"

(Argyle 2013, S. 201). Das heißt, dass bei jeder Begegnung wahrgenommen wird, was sich im Gesicht des Gegenübers zeigt und eben auch, ob das Minenspiel zu dem, was gesagt oder getan wurde, passt.

„Es kann aber auch sein, daß ein Lehrer verbale Botschaften sendet, die in klarem *Widerspruch* zu den nonverbalen Botschaften stehen. Dies ist eine sehr schlimme Angelegenheit, weil sie von den betreffenden Lehrern oft gar nicht bemerkt wird, aber dennoch zu schwerwiegenden Kommunikationsstörungen führen muß" (Meyer 2008, S. 385).

Das zu wissen ist für Lehrerinnen äußerst wichtig, denn Schülerinnen merken sehr wohl, wie glaubwürdig ihr Minenspiel und damit sie ist (vgl. Heidemann 2003, S. 106). „Nonverbale Botschaften sind stärker als verbale. Unsere Schüler ‚hören‘ und reagieren eher auf unsere nonverbalen Botschaften als auf unsere Worte. Diese nonverbalen Botschaften, die auf der unbewussten Ebene ablaufen, sind viel ‚lauter‘ als Worte. Wenn die verbale und die nonverbale Botschaften sich widersprechen, wird der Schüler IMMER auf unsere nonverbale Nachricht reagieren – und dann schimpfen wir mit ihm, weil er nicht zuhört" (Nitsche 2005).

Die Mimik der Lehrerin wird von den Schülerinnen in jedem Fall interpretiert. Runzelt sie zum Beispiel die Stirn, kann das Ärger ausdrücken, aber auch ein Zeichen dafür sein, dass sie hoch konzentriert ist. Lehrerinnen setzen das Stirnrunzeln häufig ein, um etwas von Bedeutung besonders hervorzuheben, hochgezogene Stirn und Augenbrauen bedeuten in diesem Zusammenhang für die Schülerinnen, dass sie aufmerksam sein müssen, weil vielleicht ein schwer zu verstehender Sachverhalt erklärt wird oder gerade etwas Spannendes bevorsteht (vgl. Caswell/Neill 2009, S. 29). Die Mimik verhilft unter anderem dazu, Anweisungen ohne Sprache zu geben oder auch Botschaften auszusenden. Zum Beispiel kann man mit ihrer Hilfe im Unterricht auf kleine Störungen reagieren, aber auch loben und ermuntern. Durch die Mimik wird also die Kommunikation im Unterricht aufrecht erhalten, beispielsweise durch Anschauen einer Schülerin oder durch das Nicken der Lehrerin, wenn sie zum Beantworten einer Frage auffordert (vgl. Košinár 2009, S. 160).

Das Minenspiel der Lehrerin wird ständig bewusst oder unbewusst beobachtet und bewusst oder unbewusst interpretiert. So kann es als ein Zeichen von Arroganz seitens der Lehrerin interpretiert werden, den Mundwinkel zu heben, wogegen ihr geöffneter Mund Erstaunen ausdrücken kann. Zusammengepresste Lippen wiederum können auf unterdrückten Zorn oder Starrheit hinweisen, die hochgezogene Unterlippe dagegen Nachdenklichkeit signalisieren (vgl. Heidemann 2003, S. 108).

Das Gesicht besteht „aus mehreren verschiedenen Teilen, die unabhängig voneinander agieren können" (Argyle 2013, S. 203), den Augenbrauen, der Nase, dem Mund und der Haut. „Demgegenüber gibt es auch Konfigurationen des ganzen Gesichts, wie etwa bei den wichtigsten emotionalen Zuständen. Gesichtsbewegungen können unterschieden werden von statischen Zuständen, z.B. Erschrecken, Lachen und mikromomentale Ausdrücke" (ebd.).

Es gibt Lehrerinnen, die ihrer Klasse mit einem missmutigen Gesichtsausdruck gegenübertreten und dadurch ihre Abneigung deutlich machen. Andere dagegen lächeln ihren Schülerinnen freundlich zu und drücken damit Zuneigung aus. Die Wirkung ist frappierend: Während sich die Schülerinnen, die Missachtung erfahren, vom Unterrichtsgeschehen eher abwenden, erreicht die zugewandte Art der zweiten Lehrerin ein entspanntes Miteinander, das gutes Arbeiten erst möglich macht. Wogegen jemand, der nur versucht nett zu sein und gegenteilige Körpersignale, zum Beispiel einen missgestimmten Blick aussendet, nicht glaubwürdig wirkt (vgl. Heidemann 2003, S. 5). Vermieden werden müssen in der Klasse Dominanzgebärden, die Überlegenheit, Spott oder Zurückweisung Ausdruck verleihen, wie Augenrollen, Auslachen, Anstarren oder Gähnen (vgl. Eichler 2008, S.15). Recken Lehrerinnen das Kinn nach oben und ziehen sie ihre Augenbrauen leicht nach oben, wird das als dominant aufgefasst. Trotzig wirken sie mit einem nach unten gerichteten Kinn und aufrechtem Kopf (vgl. Caswell/Neill 2009, S. 108f.). Diese Signale können dazu führen, dass die Schülerinnen sich verunsichert fühlen und dass sie die Lehrkraft ablehnen.

Lächeln dagegen hat immer eine positive Ausstrahlung, es hat etwas Verbindendes, das dem Unterrichtsgeschehen nur gut tun kann, wobei auf jeden Fall vermieden werden sollte, die Mimik bewusst zu verändern, um nicht gekünstelt zu wirken (vgl. Gudjons 2003, S. 230). *„Lächeln ist eine Hochstatusgeste, die Freude, Entgegenkommen und Gelassenheit ausdrückt. Wer lächelt hat die Situation schon gewonnen"* (Plath 2010, S. 113). Die wichtige Aufgabe der Lehrerin zu motivieren, gelingt leichter, wenn die Lehrerin Freude zeigt, wenn man sieht, dass es ihr gut geht und ihr ihr Unterricht selbst auch Spaß macht. Schlechte Laune und Stress, die sich ebenfalls in der Körpersprache ausdrücken, wirken dagegen demotivierend (vgl. ebd., S. 112f.).

Die Mimik der Lehrerin im Unterricht ist für Schülerinnen auch deshalb wichtig, weil sie das von der Lehrerin Vorgetragene unterstreicht und verdeutlicht. Dadurch bleibt die Aufmerksamkeit der Schülerinnen beim Thema. Die Schülerinnen werden die Mimik ihrer Lehrerin auch besonders beachten, wenn sie zum Beispiel Fragen beantworten und die Mimik der Lehrerin als Beurteilung der Antwort von Bedeutung ist. Selbst, wenn die Antwort keinen Bezug zur Frage hat, darf sich das nicht in einem abfälligen Gesichtsausdruck der Lehrerin ausdrücken, denn Wertschätzung ist oberstes Gebot. Auch bei einem Verhalten einer Schülerin, das nicht akzeptabel ist, muss die Lehrerin ihre Mimik unter Kontrolle haben und darf keine verächtliche Grimasse schneiden (vgl. Košinár/Leineweber 2010, S. 129). Angebracht sind in diesem Fall „Stirn runzeln, Kopfschütteln, verärgert schauen" (ebd.).

Wenn eine Lehrerin weiß, dass sich ihr Gesichtsausdruck auch auf den Gesichtern ihrer Schülerinnen zeigen wird, also ihr Lächeln wie auch ihr mürrisches Gesicht ihr in zwanzig bis dreißig Schülerinnen zurückschauen wird, weiß sie auch, dass das Auswirkungen auf das Unterrichtsgeschehen haben wird. Denn das was sie in den Gesichtern ihrer Schülerinnen sieht hat wiederum sofort Auswirkungen auf ihr Befinden. Sie wird erkennen, dass sie mit einem unfreundlichen Gesicht wesentlich weniger Mitarbeit erwarten kann und dass dadurch auch ihre Motivation sinkt (vgl. Heidemann 2003, S. 113). Für die Übertragung des Gesichtsausdrucks der Lehrkraft auf die Schülerinnen sind Spiegelneuronen verantwortlich. Sie bilden im Gehirn neben den Handlungen auch Gefühle nach und auf diesem Weg hinterlassen Menschen, mit denen man im intensiven Austausch steht, so etwas wie ein inneres Bild. „Spiegelneuronen machen Menschen, die sich beobachten, einander ähnlicher, führen also letztlich zu konformem Verhalten" (Stangl 2018a). Dabei „fördern Spiegelneuronen nicht nur Empathie, sondern ‚übertragen‘ auch Wut, Panik oder Aggressivität" (ebd.).

Am günstigsten ist es, Schülerinnen offen und freundlich ins Gesicht zu schauen. Man sollte es unterlassen, die Nase zu reiben oder den Mund zu bedecken und dabei die Stirn zu runzeln oder die Augenbrauen hochzuziehen, weil das einen fahrigen und emotional unkontrollierten Eindruck macht (vgl. Heidemann 2003, S. 111). Eine Klasse wird es als Unsicherheit werten, wenn sich die Lehrerin auf die Lippen beißt, daran leckt oder sie zusammenpresst. „Angst wirkt sich unter anderem so aus, daß der Speichelfluß austrocknet. Auf das Gefühl, einen trockenen Mund zu haben, reagiert der Körper dann unbewußt mit den oben beschriebenen

Bewegungen" (Caswell/Neill 2009, S. 113). Bevor man in die Klasse geht, könnte man, um diese negativen Signale zu vermeiden, vorher den Gesichtsausdruck überprüfen. „Eine entspannte Mimik erreichen Sie ganz einfach durch folgende Methode: Spannen Sie Ihre Gesichtsmuskulatur an und lassen Sie nach einigen Sekunden wieder locker. Dann öffnen Sie weit den Mund, ziehen Ihre Augenbrauen nach oben, schneiden einige Grimassen und atmen abschließend einige Male tief ein und aus. Mit jedem Atemzug wird Ihr Gesicht entspannter" (Matschnig 2012, S. 169). Dies sollte gewährleisten, dass die Mimik offen, freundlich und unverkrampft ist. „Jede übertriebene Mimik und Gestik allerdings wirkt negativ bis lächerlich. Auch bei allem Training (das Üben vor dem Spiegel ist durchaus empfehlenswert) sollte die unverwechselbare Persönlichkeit der Lehrkraft sichtbar sein, ihre Originalität darf keiner Künstlichkeit geopfert werden" (Gudjons 2003, S. 230).

Lehrerinnen haben einen anstrengenden Schultag, müssen sich ständig auf viele, häufig wechselnde unterschiedliche Dinge konzentrieren und das führt häufig zu einem angespannten, vielleicht ernstem oder strengem Gesichtsausdruck. Dieser wirkt unter Umständen abweisend oder sogar bedrohlich. Wenn eine Lehrerin nun darum weiß, kann sie gegensteuern, um die daraus resultierenden Reaktionen gar nicht erst herauszufordern.

Gestik

„Hände sind das sensibelste und vielseitigste Werkzeug des Menschen. Mit den Händen wird die Welt begriffen, durch die Hände wird gehandelt" (Mühlisch 2007, S. 52). Sie kommen in einer Kommunikation häufig zum Einsatz und sind somit Teil der Gestik, die eine eigene kleine Sprache ist. Weltweit existieren mehr als 5000 verschiedene Gesten, die unter anderem abhängig sind von der Herkunft, dem Alter oder dem Geschlecht der Gestikulierenden (vgl. Matschnig 2007, S. 39).

Unter der Gestik versteht man „Spontanes Bewegen der Extremitäten, im engeren Sinn der Arme, Hände und Finger als Gefühlsausdruck oder im Rahmen von Kommunikation mit anderen Personen. Sie ist neben Mimik, Körperhaltung und Bewegungen Teil der Körpersprache, die in der Regel unbewusst abläuft" (Schulte-Steinicke 2016). Die Gestik ist stark davon abhängig, welche Mentalität jemand hat oder wie temperamentvoll jemand ist: In Italien wird beispielsweise viel gestikuliert, während man in Mitteleuropa damit eher zurückhaltend ist (vgl. Landesakademie 2018). „Vom Gehirn zu den Händen bestehen mehr Verbindungen als zu den sonstigen Körperteilen. Gesten mit ihren Händen unterstreichen deshalb am stärksten, was Sie sagen. Bei temperamentvollen Menschen, wirkt auch eine ausgeprägte Gestik natürlich, introvertierte Personen gestikulieren naturgemäß weniger stark" (Matschnig 2012, S. 159). Sich entgegen seiner Mentalität zu verhalten, würde gekünstelt und damit unecht wirken.

„In menschlichen Gesellschaften ist die Gestensprache ziemlich unterschiedlich; sie basiert auf der Entwicklung von Zeichen mit jeweils vereinbarten Bedeutungen. Einige Körperbewegungen ähneln denen der Tiere, andere entwickeln sich aus der natürlichen Ähnlichkeit der Gesten mit Bewegungen und Gegenständen; wieder andere erhalten komplexe willkürliche Bedeutungen" (Argyle 2013, S. 237). „Das Zeigen ist übrigens so etwas wie eine pädagogische ‚Ur-Geste'. Man kann sich sicher sein, daß die ersten bewußten vorgenommenen Erziehungsmaßnahmen in grauer Vorzeit darin bestanden, daß die erfahrenen Alten den heranwachsenden Jungen – ohne viele Worte – gezeigt haben, wie's gemacht wird" (Meyer 2008, S. 212). Eine Lehrerin kann sich sicher sein, dass sie, wenn sie etwas zu zeigen hat, bei ihren Schülerinnen Interesse erwecken wird (vgl. ebd.). Warum und wann Menschen Gesten benutzen, um etwas zu veranschaulichen, ist nicht völlig geklärt. Vermuten lässt sich, dass man dann Gesten benutzt, wenn es schwieriger ist, einen Sachverhalt mit Worten zu beschreiben, und Gesten das ganz einfach ausdrücken. Dies geschieht zum Beispiel, wenn jemand eine Wendeltreppe erklären möchte. Allerdings hat man festgestellt, dass sprachlich sehr versierte Menschen mehr Gesten benützen, woraus man schließen kann, dass sie kein Ersatz, sondern eher eine Ergänzung sind (vgl. Argyle 2013, S. 243f.). „Die Gestik fungiert auf drei Ebenen: einmal als zu der Person gehörende Art des (unbewussten) Gestikulierens, als konkrete Verdeutlichung des Gesagten und als Prozesse steuernde Signalgeberin" (Košinár/Leineweber 2010, S. 129). Das kann zum Ausdruck kommen, indem Hände etwas formen, um es für die Schülerinnen zu verdeutlichen, oder im Signal für Ruhe mit dem Finger auf den Lippen (vgl. ebd.). So gibt es Gesten, die keine verbale Bedeutung haben, aber bewusst kommunikativ verwendet werden, wie zum Beispiel das Händeschütteln, Klatschen, das Nicken mit dem Kopf und vieles mehr (vgl. Argyle 2013, S. 244f.).

Wenn auch die Hände am meisten zum Einsatz kommen, umfasst die Gestik „alle sinnvolle Bewegungen und Gebärden des gesamten menschlichen Körpers und Bewegungen von Teilen des Körpers wie z.B. vom Kopf […]" (Stangl 2018b). Arme,

Beine und Füße gehören ebenso dazu, wie zum Beispiel die Nase, die man, wenn etwas schlecht riecht oder etwas unangenehm ist, rümpft (vgl. Stangl 2018c).

Obwohl die Hände für die Darstellung von Gefühlen nicht so geeignet sind wie das Gesicht, können sich Gefühle durchaus auch in Händen oder anderen Körperteilen zeigen. Besonders Erregung kann an den Händen abgelesen werden, z.B. kann Angst sich in verkrampften Händen, die vielleicht etwas umklammern, ausdrücken. Ebenso wie das Zittern der Hände vor Nervosität sind das eher Gesten, die man lieber verbergen würde (vgl. Argyle 2013, S. 246f.).

„Die wichtigsten Funktionen von Gestik sind die Ergänzung und Unterstützung sprachlicher Äußerungen, der Ausdruck von Gefühlen und die Vermittlung von gesellschaftlichen Konventionen. Gestik im Rahmen von verbaler Kommunikation besitzt eine große Bandbreite" (Stangl 2018b). Werden Gesten eingesetzt um zum Beispiel einen Vortrag zu unterstreichen, „zwingen sie die Zuhörer, den Sprecher während seines Vortrags auch anzusehen; wenn sie darauf verzichten und sich aufs Zuhören beschränken, wird ihnen ein Teil der Botschaft entgehen. Vorausgesetzt man übertreibt es nicht, läßt sich auf diese Weise auch die Aufmerksamkeit der Schüler sehr wirkungsvoll steuern" (Caswell/Neill 2009, S. 30).

Viele Gesten werden weltweit geteilt, so dass man sich auch, wenn man die Sprache nicht beherrscht wie die Redensart schon sagt, „mit Händen und Füßen" verständlich machen kann. Offen gezeigte Hände bedeuten beispielsweise, dass man seinem Gegenüber nicht bedrohend gegenüber tritt und in den meisten Ländern gehört es sich nicht, auf andere Menschen zu zeigen. Manche Gesten haben dagegen in verschiedenen Kulturen ganz unterschiedliche Bedeutungen, so gilt, wenn der Daumen nach oben gereckt wird - in Deutschland ein positives Zeichen - das in arabischen Ländern als obszön. Das mit ausgestrecktem Zeige- und Mittelfinger dargestellte V, das für „victory" steht und als Siegeszeichen gilt, hat keineswegs für alle diese Bedeutung. In Großbritannien und Australien ist sie die unhöfliche Aufforderung für jemanden zu gehen (vgl. Matschnig 2012, S. 127). Generell werden Gesten oberhalb der Taille positiver gesehen als die unterhalb der Taille. Ferner gilt, dass die Hände sichtbar bleiben und nicht etwa auf dem Rücken versteckt werden sollten. Das wird wie auch die Hände in den Hosentaschen negativ bewertet (vgl. Landesakademie 2018). „Während emotionale Gesten großenteils in einer Selbstberührung bestehen, richten sich Gesten, die Einstellungen zu anderen zum Ausdruck bringen, auf den Körper des anderen. So bedeutet ein Verschränken der

Arme Abwehr, ein Ausstrecken der Arme bedeutet einen Schritt in Richtung Intimität, unruhige Bewegungen der Hände oder Beine repräsentieren eine Flucht vor dem anderen" (Argyle 2013, S. 249f.).

Lehrerinnen, die um diese Bedeutungen wissen, sind eindeutig im Vorteil. Sie wissen dann zum Beispiel darum, dass sie, wenn sie sich im Hochstatus befinden, wenige, langsame und ruhige, im Tiefstatus dagegen viele kleine, hektische Bewegungen machen (vgl. Plath 2010, S. 41). „Am günstigsten ist, wenn Sie weite, offene, ruhige Kontaktgesten in Richtung auf die Schüler machen, wobei sich die Arme in Brusthöhe bewegen und die Handflächen nach oben zeigen. Setzen Sie dabei zuerst die Geste ein und dann das Wort. Niemals umgekehrt!" (Heidemann 2003, S.109). Anfängerinnen wissen oft nicht, wohin mit den Händen. Verschränken sie die Hände hinter dem Rücken, wirken sie unbeweglich und distanziert, stützen sie sie seitlich an der Taille ab, erscheinen sie resolut (vgl. ebd., S. 109f). „In der Regel am besten wirken in Brust- oder Bauchhöhe locker verbundene Hände, da sie entspannte Konzentration oder konzentrierte Ruhe ausstrahlen" (ebd. S. 110). Aus dieser Haltung heraus ist es Lehrerinnen auch leicht möglich, die im weiteren Stundenverlauf erforderlichen Gesten schnell gezielt einzusetzen.

Vermeiden sollten Lehrerinnen nervöse Handlungen, die die Schülerinnen ablenken würden, wie das Herumspielen mit Kreide oder Kugelschreiber (vgl. Eichler 2008, S. 15). „Herumsuchen oder an sich Herumspielen gehören zu einer ganzen Reihe von nervösen Ticks, von denen die Lehrer häufig nichts ahnen, während sich ihre Klassen dieser nur zu bewusst sind - wie sich bei Sketches zum Halbjahresende oft deutlich zeigt" (Caswell/Neill 2009, S. 106). Das sind aber Angewohnheiten, die sich abstellen lassen, ebenso wie die nachfolgend genannten.

Gebärden, die eine positive Kontaktaufnahme zu den Schülerinnen verhindern, sind unter anderen der ausgestreckte Zeigefinger wie auch die geballte Faust. Unterlassen sollte die Lehrkraft auch Körpersignale wie herum zu zappeln oder die Beine zu überkreuzen, mit denen sie Ihre eigene Unsicherheit auf die Schülerinnen überträgt (vgl. Eichler 2008, S. 15). Resignation oder Enttäuschung signalisieren Arme und Hände, die unbeweglich an den Seiten herunterhängen und auf wenig Handlungsbereitschaft schließen lassen (vgl. ebd.). Öffnen sich hingegen die Hände, so leitet dies Aktivität ein. Die Arme sollten danach keine Abwärtsbewegung, die als Wegwerfbewegung gesehen werden kann vollführen, was häufig aus reiner Gewohnheit geschieht. Handbewegungen sollten immer bewusst von unten nach oben geführt werden. Sind die Handgelenke dabei locker oder abgeknickt, schwächt man damit seine Gestik oder sie wirkt sogar albern. Also muss darauf geachtet werden, dass die Handgelenke stabil sind und damit eine kraftvolle Wirkung hervorrufen (vgl. Matschnig 2012, S. 145). Auch Gesten dürfen nicht widersprüchlich sein, da das die Glaubwürdigkeit herabsetzt und man nicht authentisch und vertrauenswürdig erscheint (vgl. ebd., S. 142).

Wichtig sind im Unterricht positive Gesten. „Vor allem das Zeigen der >>offenen Hand<< (= die sensiblere Handinnenfläche) in den Bewegungen wird gedeutet als Bereitschaft zum Kontakt, z.b. Gegenargumente aufzunehmen, sich auszutauschen, Entscheidungen zuzulassen u.a.m." (Eichler 2008, S. 15). Als weitere positive Gesten gelten weite Armbewegungen, mit denen man Sicherheit verbindet oder das langsame Händereiben, das Zufriedenheit und Freude zum Ausdruck bringt. Im krassen Gegensatz dazu steht das schnelle Händereiben, das Schadenfreude zeigt. Lehrerinnen müssen Gesten, die negativ zu bewerten sind, auf jeden Fall vermeiden. Mit Unsicherheit werden zum Beispiel kurze andeutende Bewegungen mit Händen und Armen verbunden, ebenso das Halten von Armen und Händen unter dem Tisch. Die gleiche ungünstige Wirkung erzielt man, wenn man die Hand während des Sprechens vor den Mund führt, denn das wirkt, als ob man das Gesagte zurücknehmen wolle (vgl. Heidemann 2003, S.108f.). Bestimmte Armhaltungen der Lehrkraft vermitteln den Eindruck, als wolle sie sich in sich selbst zurückziehen. Dazu gehört zum Beispiel, wenn man „das Lehrbuch oder etwas anderes verzweifelt wie ein Schild an die Brust presst, um sich vor all dem zu schützen, womit die Klasse einen bewerfen könnte" (Caswell/Neill 2009, S. 111).

„Geht die Selbstwahrnehmung verloren oder wird sie als unwesentlich erachtet, gelingt auch keine Entwicklung von Körperkompetenzen. Dies kann u.a. beim Frontalunterricht der Fall sein, wenn der Fokus zu stark auf den Inhalten und fachlicher Kompetenz liegt, ein Bewusstsein für die Bedeutung des Körpers in der Vermittlung von Inhalten fehlt" (Košinár 2008, S. 23). Die Wahrnehmung des Körpers und das Erlernen von Körperkompetenzen kann gezielt trainiert und vertieft werden. Das kann dazu verhelfen, dass zum Beispiel Erfahrungen der Ohnmacht überwunden und mehr Selbstsicherheit im Unterricht erreicht werden (vgl. ebd., S. 23f.).

Blickkontakt

Im Zusammenhang mit Mimik und Gestik muss auch der Blickkontakt erwähnt werden, denn er ist für Lehrerinnen ebenfalls von großer Bedeutung. (vgl. Heidemann 2003, S. 86). Unter Blickkontakt ist das gegenseitige Anblicken von miteinander Kommunizierenden zu verstehen (vgl. Allhoff/Allhoff 2006, S. 35).

„Ein Großteil der Kommunikation im Unterricht macht es erforderlich, daß Lehrer und Schüler sich zumindest gelegentlich ansehen. Dauert ein Blickkontakt besonders lange, so ist er in jedem Fall ein Zeichen für gesteigertes Interesse; ebenso wie eine enge Annäherung wird er aber als belastend empfunden, da man oft nicht weiß, ob das Interesse freundschaftlicher oder aggressiver Natur ist, zumindest, solange man keine zusätzlichen Signale empfängt, die bei der Deutung der Blicke weiterhelfen" (Caswell/Neill 2009, S. 28). Der Blick darf nicht so fixierend sein, dass sich der andere kontrolliert fühlt (vgl. Molcho 2009, S. 18).

„Der Blickkontakt ist das wichtigste und für uns Menschen das nächstliegende, wenn wir miteinander in Kontakt treten möchten. Tiere fühlen sich durch Blickkontakt gestört. Für sie enthält er etwas Bedrohliches. Menschen freuen sich darüber. Für sie heißen die Subtexte Aufmerksamkeit und Interesse" (Fast 1997, S. 78). Bei mehreren Dekodierungs-Experimenten wurde festgestellt, dass der Blick „als ein Signal der Zuneigung verstanden wird" (Argyle 2013, S. 221). Für die Intensität, die Häufigkeit und den Zeitpunkt des Blickkontaktes gibt es dabei, ebenso wie für den Wechsel des Blickes, kulturelle Unterschiede nach offenbar festen, wenn auch ungeschriebenen Regeln (vgl. Allhoff/Allhoff 2006, S. 35). „In unserer Kultur ist der ausgedehnte Blickkontakt beunruhigend, während wiederum die Weigerung, einen Blickkontakt herzustellen Mißtrauen erweckt" (Fast 1997, S. 83). Es gibt Gesellschaften, wo der lange Blickkontakt erwünscht ist und, wenn er schnell abgebrochen wird, ein ungutes Gefühl aufkommt (vgl. ebd.).

Nimmt man keinen Blickkontakt auf, deutet das auf eine Kontaktverweigerung hin. (vgl. Gudjons 2003, S. 231). „Stellt man freilich keinen Blickkontakt her, sendet man den beunruhigenden Subtext: ‚Ich begegne deinen Augen nicht, weil du für mich nicht da bist, du bist eine Unperson, du bist unwichtig'" (Fast 1997, S. 80). Diese Verweigerung eines Blickkontaktes kann verachtend gemeint sein (vgl. ebd., S. 81). Sie kann aber auch unter Umständen als passive Unterlegenheitsgeste gedeutet werden (vgl. Eichler 2008, S. 13). So empfinden manche Referendarinnen oder noch unerfahrene Lehrerinnen die vielen Blicke einer Klasse als bedrohlich und weichen ihnen, weil es sie nervös macht, aus. „Entweder überträgt sich die Nervosität auf die Gruppe, oder der fehlende Blickkontakt wird als vermeintliche Arroganz des Redners falsch interpretiert" (Heidemann 2003, S. 87).

Deshalb ist es besonders zu Unterrichtsbeginn wichtig, die Schülerinnen erst einmal wartend anzublicken und nicht mit dem Betreten des Klassenraums sofort zu reden. Vermieden werden muss in dieser Anfangsphase auch der Blick Richtung Tür oder Fenster, weil das eher Fluchtgedanken enthüllt. Es ist wichtig, alle Teilnehmerinnen im Blick zu haben (vgl. Heidemann 2003, S. 87f.), „[...] erst zu blicken, dann zu sprechen, den Blick also als Kommunikationsinstrument bewusst einzusetzen" (Eichler 2008, S. 14). Um dem Blick der Schülerinnen auszuweichen neigen viele Lehrerinnen, die unsicher sind dazu, zum Beispiel nach unten ins Klassenbuch oder nach hinten an die Tafel zu sehen. Langes Wegschauen führt zum Abbruch der Kommunikation, der Blick nach oben wirkt wie ein Hilferuf und geschlossene Augen vermitteln, dass man keine Informationen mehr will (vgl. Mühlisch 2007, S. 64).

Will man den Respekt der Klasse gewinnen, sollte man nicht zu viel wegschauen, weil Schülerinnen das für Willensschwäche oder Gefühlskälte halten (vgl. Caswell/Neill 2009, S. 105f.). „Das Blickverhalten spielt beim Aufbau von Beziehungen zwischen den Menschen eine wichtige Rolle. Der Blick fungiert dabei als ein wirkungsvolles Signal, insofern dabei Enkodierung und Dekodierung zusammenspielen: man interpretiert die Muster des Blickverhaltens richtig" (Argyle 2013, S. 220). Über den Blick werden erste persönliche Kontakte zu den Schülerinnen aufgenommen und sie erhalten Zeichen von persönlicher Zuneigung, ebenso werden soziale Ein- und Wertschätzungen wie auch Feindseligkeit mitgeteilt (vgl. Heidemann 2003, S. 86). Möchte man ein persönliches Gespräch mit einer Schülerin, sei es über ihr Verhalten oder ihre Leistung, führen, sind die folgenden Tipps hilfreich: „Ein Blickkontakt dauert mindestens eine Sekunde und nicht länger als drei Sekunden. Zu lang tendiert zum Anstarren, wird als unangemessen empfunden und kann sogar Aggressionen hervorrufen. Den Blick können Sie zwischenzeitlich kurz abwenden, während Sie einen neuen Gedanken fassen" (Matschnig 2012, S. 48). Vorteilhaft ist es, wenn man sich auf gleicher Augenhöhe befindet und dadurch Nähe und positive Aufmerksamkeit erzeugt und den Blick von oben herab vermeidet.

Im Verlauf einer Unterrichtsstunde kann ein deutlicher Blickkontakt zum richtigen Zeitpunkt durchaus eine aufkeimende Unterrichtsstörung unterbinden (vgl. Košinár

2009, S. 106). „Hervorzuheben ist die Bedeutung des Blickkontakts für die Aufrechterhaltung der Ordnung. Durch den häufigen Einsatz des Blickkontakts (Anschauen) wurde eine erhöhte Aufmerksamkeitshaltung der Schüler bewirkt. (Sie zeigten daraufhin auch eine positivere Zuwendung dem Lehrer gegenüber)" (Rosenbusch 1986, S. 66). Eine Lehrerin kann nur durch einen kurzen intensiven Blick erreichen, dass eine Schülerin, die im Begriff ist zu stören, sich wieder dem Unterrichtsgeschehen zuwendet. Das kann unbemerkt von den anderen Schülerinnen geschehen, indem die Lehrerin das Unterrichtsthema weiterführt und lediglich kurz der Einzelschülerin über den Blickkontakt mitteilt, dass sie ihr Vorhaben nicht gut findet und sie besser wieder aufpasst (vgl. ebd.). Hier kommt der Satz, dass ein Blick mehr als Worte sagt, zur Anwendung (vgl. Matschnig 2007, S. 62).

Speziell für Lehrerinnen, die noch unsicher sind, empfiehlt es sich, während der Stunde den Blickkontakt zu einer positiv gestimmten Schülerin aufzunehmen. Es werden sich vier bis sechs in der Nähe sitzende Schülerinnen angesprochen fühlen, die sie möglicherweise anlächeln. Dieser freundliche Blickkontakt, der gegenseitige persönliche Zuneigung und Wertschätzung signalisiert, beflügelt die Lehrerin, was wiederum auf die Klasse zurückstrahlt (vgl. Heidemann 2003, S. 88f.). Es ist außerdem ratsam, nicht zu nahe an der Klasse zu stehen – zu empfehlen wären mindestens zwei Meter Abstand - weil sonst die Augen leicht im Raum kreisen, ohne eine Schülerin wirklich zu erfassen (vgl. ebd., S. 88).

Auffallend ist, dass gute Schülerinnen mehr Blickkontakt erhalten als zurückhaltende, denn diese stillen Schülerinnen werden häufig in ihrer Leistungsfähigkeit verkannt und deshalb weniger beachtet, während der Fokus hauptsächlich auf den aktiv am Unterricht Beteiligten liegt. „Konzentrieren Sie sich nicht nur auf die Schüler, die sich von sich aus am Unterrichtsgespräch beteiligen. Zwingen Sie sich dazu, den Blick immer wieder über die ganze Klasse schweifen zu lassen. Nehmen Sie gerade dabei zu solchen Schülern Blickkontakt auf, die sich bislang wenig oder noch gar nicht beteiligt haben" (ebd., S. 164). Schülerinnen, die in einer Unterrichtsstunde selten oder gar nicht von ihrer Lehrerin direkt angeblickt werden, haben weniger Motivation, am Unterrichtsgeschehen teilzunehmen (vgl. Košinár/Leineweber 2010, S. 130).

Der Blickkontakt hilft in Vorträgen, das Publikum zu fesseln, wie man auch an dessen Blickkontakt feststellen kann, ob es zuhört (vgl. Fast 1997, S. 78), und dies lässt sich auch auf eine Klasse übertragen.

Sicherlich gibt es Lehrerinnen, die selbst schüchtern sind und denen es schwerer fällt, den direkten Blickkontakt zu suchen. „Natürlich gibt es auch beim Blickkontakt persönlichkeitsspezifische Varianten. Als ausgesprochen introvertierte Persönlichkeit sollten Sie sich nicht unbedingt in erster Linie auf den Blickkontakt konzentrieren" (Heidemann 2003, S. 89f.). Dennoch ist es von Vorteil, sich mit den Vorschlägen für eine bessere Handhabung des Blickkontaktes auseinanderzusetzen, wird doch „das Training des Blickkontaktes vielen erstmals zu individueller Personwahrnehmung des Schülers verhelfen und darüber dann auch die Kontaktaufnahme zur Klasse insgesamt erleichtern" (ebd., S. 90).

Hilfreich ist es, Tipps wie die folgenden anzuwenden: *Lassen Sie Ihren Blick nicht suchend oder >>flackernd<< durch den Raum gehen, sondern fixieren Sie Ihren Blick. Schauen Sie einen einzelnen Schüler eine Zeitlang bewusst und neutral an. Dann wenden Sie Ihren Blick bewusst ab und hin zu einem anderen Schüler, den Sie ebenfalls über längere Zeit ruhig fixieren!* " (Plath 2010, S. 110). Diesen Tipp werden auch zurückhaltende Lehrerinnen umsetzen können und damit mehr Sicherheit gewinnen und ausstrahlen.

Körperhaltung

Wie eine Lehrerin von ihrer Klasse eingeschätzt wird, hängt in starkem Maße auch von ihrer Haltung ab. „Die Körperhaltung ist als wichtiges Ausdrucksmittel nicht zu unterschätzen. Zum einen demonstrieren Lehrkräfte damit ihre Haltung zu den Dingen und den einzelnen Schüler/innen und zum anderen zeigen sie ihre Sicherheit bzw. Unsicherheit" (Košinár/Leineweber 2010, S. 130). Dass die Körperhaltung, welche Emotionen sichtbar werden lässt, für den zwischenmenschlichen Bereich im Unterricht von großer Relevanz ist, wird in der Regel unterschätzt (vgl. Košinár 2004).

„Körperhaltungen stehen auch mit Gefühlszuständen in Zusammenhang, entweder durch unmittelbare physiologische Auswirkungen der Gefühle oder aus Gründen einer symbolischen Ausdrucksweise" (Argyle 2013, S. 258). Für Lehrerinnen ist es von großer Wichtigkeit sich auch mit diesem wesentlichen Teil der Körpersprache zu befassen. „Macht man sich bewusst, dass die Körperhaltung unser gesamtes Körpergerüst umfasst, von der Fuß- und Beinstellung, der Beckenstellung, dem Oberkörper bis zur Kopfhaltung wird deutlich, wie präsent die Körperhaltung gerade im Agieren vor Schülerinnen und Schülern ist" (Košinár 2004).

Hilfreich ist es auf jeden Fall, wenn man seine Haltung schon, bevor man die Klasse betritt, überprüft und gegebenenfalls den folgenden Tipp anwendet: *„Lockern Sie Ihre Schultern, überprüfen Sie ob Ihre Schultern hochgezogen sind und lassen Sie sie herabfallen.* Oft ist unser Nackenbereich total verkrampft, die Schultern hochgezogen und leicht nach vorne geschoben - dies entspricht der instinktiven Körperhaltung kurz vor dem Angriff" (Plath 2010, S. 109f.). Aufrechtes Stehen verhilft zu mehr Bewegungsfreiheit, denn man kann den Oberkörper ungehindert rotieren und die Handlungsmöglichkeiten sind nicht eingeschränkt (vgl. Molcho 2009, S. 53ff.).

Nach Möglichkeit sollte die Lehrerin in ihrer ganzen Größe für die Klasse sichtbar sein, wobei es wichtig ist, dass sie nicht starr und verkrampft auf dem immer gleichen Platz steht, weil sie sonst Unsicherheit ausstrahlt. Nachteilig ist es auch, wenn sie ihre Füße mit aneinander gepressten Beinen zu dicht nebeneinander stellt, weil das Unterlegenheit und mangelnde Souveränität signalisiert (vgl. Eichler 2008, S. 12f.). „Eine aufrechte Haltung und ein fester Stand sind die deutlichsten Signale für Kompetenz und Sicherheit" (Matschnig 2012, S. 158). Um sich eine selbstbewusste Haltung anzugewöhnen, kann man den folgenden praktischen Ratschlag umsetzen: „Stellen Sie sich hüftbreit fest auf beide Beine. Der Kopf ist gerade. Lassen Sie Ihre Arme fallen und ballen Sie Ihre Hände zu Fäusten, die Daumen zeigen nach vorne. Wenn Sie jetzt die Daumen zur Seite drehen, während Sie Ihre Arme hängen lassen, aktivieren Sie automatisch die Rückenmuskulatur, und Ihre Brust hebt sich an. So wirken sie locker und dennoch selbstbewusst" (ebd., S. 37). Der Unterschied zwischen einer Lehrerin, die dies umsetzt und einer Lehrerin, die mit hängenden Schultern, hängenden Armen und gebeugter Haltung vor ihrer Klasse steht, fällt sofort auf. Wer den Oberkörper und die Schultern fallen lässt, macht sich kleiner und wer zusätzlich noch den Oberkörper zur Seite schiebt, weicht aus (vgl. Molcho 1997, S. 168).

In der Fachliteratur findet man einige Beispiele für Fortbildungsveranstaltungen zum Thema Körpersprache und wie sie auf die Teilnehmerinnen wirkten. Sie spürten, nachdem sie aufgefordert wurden unterschiedliche, zum Teil gegensätzliche Haltungen einzunehmen, am eigenen Körper, wie diese auf das eigene Befinden zurückwirkten. „Die Studentinnen und Studenten berichteten später von einer starken Empfindung der zur jeweiligen Körperhaltung kongruenten Emotion. In der expandierten Körperhaltung hatten sie selbstbewusste Gefühle, berichten von ‚guter Laune", „mir kann keiner was", „ich konnte ganz frei atmen', bis hin zu Gefühlen von

Arroganz und Überheblichkeit in der Begegnung mit TeilnehmerInnen in gebeugter Haltung. Dabei empfanden Einige Mitgefühl, Andere fühlten sich ‚als etwas Besseres'. Aus der gebeugten Körperhaltung heraus wurden vielfach Gefühle wie ‚tiefe Niedergeschlagenheit', ‚Trauer', ‚ich fühlte mich klein' genannt, die in der Begegnung mit den expandiert Gehenden noch verstärkt wurden: ‚Ich fühlte mich wie ein Wurm, der gleich zertreten wird'" (Košinár 2004). Diese Erfahrungen zeigen, wie stark Empfindungen und Körperhaltung zusammenhängen. Es wird deutlich, dass eine bewusste Körperhaltung zur Verbesserung der eigenen Wirkung wie auch für das eigene Wohlbefinden hilfreich ist, und dass sie sogar jederzeit und unauffällig im Unterrichtsalltag eingesetzt werden kann. „Es ist ratsam zunächst eine expandierte Körperhaltung für sich alleine auszuprobieren. Expandiert bedeutet nicht, wie manchmal missverständlich angenommen, ein steifer Oberkörper, die so genannte ‚gestählte Brust' oder zurückgezogene Schultern, da das unweigerlich zu einer unnatürlichen Haltung führt, in der die Atmung noch erschwert wird. Es reicht, kleine Nuancen der Veränderung vorzunehmen, die im Rahmen des Natürlichen bleiben" (ebd.). Eng mit der Haltung verbunden ist auch die Art und Weise des Stehens. „Ein sicherer Stand wird immer mit einer selbstsicheren, souveränen und kompetenten Persönlichkeit assoziiert. Eine aufrechte Körperhaltung – mit angehobenem Brustbein und gesenkten Schultern – erweckt den Anschein von Stärke und Aktionsbereitschaft" (Matschnig 2012, S. 183). Genau so will eine Lehrkraft von ihrer Klasse auch gesehen werden.

Der Mensch hat drei Haupthaltungen, nämlich Stehen, Sitzen - wozu auch Hocken und Knien zählen - und Liegen (vgl. Argyle 2013, S. 255). Es kann ein Zeichen von großer Anteilnahme sein, wenn sich eine Lehrerin in einem persönlichen Gespräch, um andere nicht zu stören, neben ihre Schülerin hinkniet, was von den meisten Schülern positiv wahrgenommen wird. Die Lehrerin behält trotzdem den Überblick über die Klasse, besser als wenn sie sich zu der Schülerin hinunter beugen würde (vgl. Caswell/Neill, 2009, S. 193).

Falsch ist die Position der Lehrerin, wenn sie im Unterrichtsgespräch am Pult sitzt und von den hinteren Bänken aus nicht zu sehen ist (vgl. Heidemann 2003, S. 92). „Am günstigsten ist *das freie Stehen in der Nähe des Lehrertisches,* wodurch Sie von vielen Schülern in *der ganzen Körperlänge* gesehen werden. Erst dadurch haben Sie die Möglichkeit, Körpersprache wirkungsvoll einzusetzen" (ebd., S. 91). Das ziemlich verbreitete Sitzen auf dem Pult ist umstritten, „vor allem dann, wenn man ein Buch in der Hand hat und der Körper den Schülern und Schülerinnen gegenüber eingeknickt ist (Kontaktunterbrechung)" (Gudjons 2003, S. 228). Sitzen ist außerdem, will man geistig beweglich sein, für die Aufnahme und Verarbeitung von Informationen nicht unbedingt geeignet (vgl. Mühlisch 2007, S. 50).

Da man es jedoch kaum schafft, in sämtlichen Unterrichtsstunden zu stehen, kann man sich entspannen, indem man, mit einem Fuß am Boden, leicht seitlich auf der Vorderkante des Pultes sitzt. Die ganze Körperbreite der Lehrerin sollte möglichst für alle sichtbar sein (vgl. Heidemann 2003, S. 92). „Ein zugewandter Körper vermittelt direkte Kontaktaufnahme, anders als bspw. ein abgewandter Oberkörper oder, wenn eine Lehrkraft, einen Schüler über die Schulter anblickt" (Košinár/Leineweber 2010, S. 130). Das kann leicht passieren, wenn eine Lehrerin an die Tafel schreibt und sich gleichzeitig an die Klasse wenden will. Da ist es besser, wenn sie sich nach links drehend von der Tafel löst und mit ausgestrecktem linken Arm zur Klasse hin öffnet (vgl. Heidemann 2003, S. 94f.).

„Die Körperhaltung eines Menschen ist häufig ein Indiz für seine Absichten" (Caswell/Neill 2009, S. 27), sie kann als Versuch einen Dominanzanspruch durchzusetzen oder aber auch als Zeichen einer Intimität gesehen werden (vgl. ebd.). Steht eine Lehrerin zum Beispiel vor der Klasse und möchte für Ruhe sorgen, wird ihr das mit einer überzeugenden Haltung am ehesten gelingen, aber „Um es zu schaffen, allein durch Ihre Präsenz im Raum Ruhe herzustellen, braucht es schon einige Übung" (Plath 2010, S. 109). Dabei gilt, dass man auf seine Gedanken achten muss und sich klar machen muss, dass man die Chefin ist, die die Schülerinnen beobachtet „und konzentrieren Sie sich voll und ganz auf die Kraft, die von Ihnen selbst ausgeht. Entwickeln Sie auf keinen Fall Gefühle von Hektik oder Ärger auf die Schüler/innen. Denn das merken die ‚kleinen Experten' sofort! Wenn Sie es aber schaffen, dass tatsächlich ein Gefühl von Präsenz und Souveränität von Ihnen ausgeht, dann wird es tatsächlich ruhig im Raum" (ebd. S.110).

Proxemik

„Das territoriale Verhalten ist eine Folge des Überlebenstriebes und in jedem Lebensraum genetisch programmiert, auch beim Menschen. Die jeweiligen Zonen des territorialen Anspruches zu respektieren heißt, sowohl auf der Gefühls- als auch auf der Sachebene Konsens herstellen und halten zu können" (Mühlisch 2007, S. 67).

Der Begriff Proxemik wurde von Dr. Edward T. Hall, der Professor für Anthropologie war, geprägt, um seine Beobachtungen und Theorien über das Verhalten von Menschen in den sie umgebenden Räumen zu beschreiben. Er fand heraus, dass jeder Mensch seine ganz eigenen Raumbedürfnisse hat und der Gebrauch des Raums in direktem Zusammenhang steht, dass man sich anderen mitteilen kann und ein Empfinden von Nähe und Entfernung hat (vgl. Fast 2000, S. 29). Professor Hall fand vier verschiedene Distanzzonen, in denen Menschen agieren und die auch für die Arbeit mit Schülerinnen bedeutsam sind. "Er bezeichnete diese Zonen als 1. intime Zone, 2. persönliche Distanz, 3. gesellschaftliche Distanz und 4. öffentliche Distanz" (ebd.). Die Wahrung der Grenze zur intimen Zone ist für die Kommunikation im Alltag relevant, denn eine Verletzung kann Stress, Fluchtverhalten oder einen Angriff auslösen. „Wenn man selber einem anderen Menschen zu nahe kommt, so wird man folgende Reaktionen feststellen können: Ausweichen des Blicks, Zurücklehnen des Oberkörpers, vor dem Oberkörper verschränkte Arme zum Schutz oder Objekte wie Tasche oder Aktenkoffer, die vom Gegenüber als Barriere aufgebaut werden" (Stangl, 2018)

Die Distanzzone ist abhängig davon, welche soziale Beziehung die Menschen zueinander haben und auch welchen kulturellen Hintergrund. Partner, enge Freunde und Verwandte bewegen sich in der intimen Zone in einem Abstand bis 40 Zentimetern, während die persönliche Distanz bei Gesprächen mit Freunden und Mitarbeiterinnen wie auch auf Partys oder auf der Straße bei 40 cm bis zu 150 Zentimetern liegt, zwischen 150 und 400 Zentimetern ist der Raum für die gesellschaftliche Distanz und alles darüber für die öffentliche Distanz (vgl. ebd.).

Im Umgang mit Schülerinnen sollten die Distanzzonen unbedingt eingehalten werden. „Je unsicherer Sie persönlich oder die Schüler sind, um so größer sollte der Abstand zunächst sein. Das gilt vor allem für Schüler im Pubertätsalter" (Heidemann 2003, S. 97). Besonders zu beachten ist bei der Annäherung an Schülerinnen, dass man sich nicht vor oder hinter ihnen aufbaut. Vor allem sollte man das bei schüchternen Schülerinnen nicht tun, weil das ihren innerlichen Rückzug provoziert. Bei vorlauten Schülerinnen kann es ab und zu einmal als Mittel eingesetzt werden. Auf keinen Fall sollte die Lehrerin, zum Beispiel bei der Heftkontrolle, in die Intimdistanz einer Schülerin eindringen, zumindest ein geringer Abstand sollte eingehalten werden. Es ist wichtig zu erspüren, ob und wie unangenehm einer Schülerin die Nähe ihrer Lehrerin ist. So sollte man das Zurückweichen oder Kopfeinziehen einer Schülerin respektieren und nicht noch näher kommen (vgl. ebd., S. 98f.). „Nicht unerheblich ist es auch, wie man in dieser Distanzzone mit dem Arm in das persönliche Umfeld des Schülers eindringt, beispielsweise um eine bestimmte Stelle im Buch oder Heft zu zeigen" (ebd. S. 99). Immer muss darauf geachtet werden, wie sich die Schülerinnen in der Begrenzung ihres Raumes fühlen. Der Abstand zwischen Lehrerin und Schülerin spielt also gerade in der Kommunikation im Unterricht eine große Rolle, denn er beeinflusst unter Umständen den Lernerfolg wie auch die Beziehung zwischen Schülerin und Lehrerin.

Es ist für eine Lehrerin nicht einfach, herauszufinden, welches die richtige Distanzzone ist, die sie gegenüber ihren Schülerinnen einnimmt. Das zeigte sich in Fortbildungsveranstaltungen folgendermaßen: „Danach haben wir ausprobiert, in welcher bzw. welchen Distanzzonen sich LehrerInnen ihren SchülerInnen gegenüber befinden. Dabei stellten wir fest, daß man Gefahr läuft, gerade jungen SchülerInnen ihren Raum zu nehmen, wenn man sich nah vor ihnen stehend aufhält, wenn sie selber sitzen. Man nimmt ihnen sogar noch Raum von oben, wenn man sich hinunterbeugt" (Košinár 2000, S. 41).

„Das räumliche Verhalten besteht in Folgendem: Nähe, Orientierung, Territorialverhalten und Bewegungen innerhalb einer räumlichen Anordnung" (Argyle 2013, S. 281). Wen man mag, bei dem sucht man durch Vor-oder Zurücklehnen Nähe. Abstand hält man zu Menschen mit höherem Status, um dadurch seinen Respekt zu zeigen (vgl. ebd., S. 285ff.). „Mit unserer Körperhaltung und der räumlichen Relation zueinander vermitteln wir viel von dem, was unter dem Beziehungsaspekt in der sozialen Interaktion verstanden wird. Intimität, Zuneigung, Status und Macht sind Aspekte, nach denen sich die Beziehung zwischen Personen definiert. Sie werden selten verbal angesprochen, sondern vornehmlich durch nonverbale Signale vermittelt" (Ellgring 2004, S. 34).

Wer einen höheren Status innehat, zeigt das in seinem Distanzverhalten. „Die wichtigste Art, Dominanz zu signalisieren, besteht jedoch darin, einen Platz oder Raum mit symbolischem Wert einzunehmen" (Argyle 2013, S. 289). Für das Klassenzimmer, das als eine Art Bühne gesehen werden kann, gilt „Es ist keineswegs gleichgültig, wo sich die Lehrkraft auf ihrer ‚Bühne' bewegt" (Gudjons 2003, S. 216). Denn je nachdem, wo sie sich bewegt, hat das im einen Fall auf die

Schülerinnen eine beruhigende bis einschläfernde und im anderen Fall eine aufmunternde Wirkung. Geht die Lehrerin vor der Klasse hin und her, benutzt sie die statischen Linien im Raum, was die erste Wirkung hervorruft, weil sie eher Ruhe, eventuell sogar Langeweile ausstrahlt. Die dynamischen Linien verlaufen diagonal im Raum und erzeugen Dynamik, können aber auch ablenken. Man unterscheidet starke Diagonalen, die nach vorne gerichtet sind und schwache Diagonale, die zurückführen (vgl. ebd., S. 216ff.). „Spricht eine Lehrkraft über längere Zeit (Lehrervortrag), so kann es gelegentlich auch sinnvoll sein, die starke Diagonale bis in die Klasse hinein zu ‚verlängern', weil dies intensivierend wirkt: Der normale Sprechabstand von mindestens zwei Metern bei ca. 25 Schülern, wird dadurch verringert, dass die Lehrkraft durch Annäherung an einen Schüler den Kontakt verstärkt, dann aber auch durch behutsames Zurücktreten wieder verringert" (ebd., S. 219). Beantwortet eine Lehrerin eine Frage, so wirkt die Antwort vom statischen Punkt aus gegeben, eher zurückweisend, während sie vom dynamischen Punkt aus wertschätzend ankommt. Steht man im statischen Punkt, ist man mehr auf sich fixiert, während man im dynamischen Punkt nach außen orientiert ist (vgl. Müller 2008, S. 29f.).

Unterschiedliche Positionen, die eine Lehrerin im Klassenraum einnimmt, können, wenn das eingeübt wird, für die Schülerinnen eine Signalwirkung haben. „Steht die Lehrkraft vorn in der Mitte, so heißt das: unbedingte Aufmerksamkeit! Steht sie an der Seite des Klassenraumes, heißt das: Es kann jetzt locker zugehen … Steht sie hinten, bedeutet das: Ich halte meinen Mund, ihr könnt in Ruhe arbeiten, ich werde euch in der Einzel- oder Partnerarbeit nicht unterbrechen …" (Gudjons 2008, S. 8). Allerdings kann die Lehrerin ihre Präsenz im Raum jederzeit erhöhen, wenn Schülerinnen unaufmerksam sind, stören oder Ihre gestellten Aufgaben nicht erledigen, indem sie sie anblickend langsam an ihnen vorbeigeht (vgl. Košinár/Leineweber 2010, S. 130). „Nutzen Sie das machtvolle Instrument der Präsenz! Nehmen Sie Raum ein und zeigen Sie damit Ihren Anspruch auf die Chefrolle im Klassenzimmer" (Görgner 2015, S. 14).

Spezielle Bedeutung im Sportunterricht mit Praxisbeispielen

Das Fach Sport stellt besondere Anforderungen und Belastungen an die Lehrkraft. Es kann sowohl in körperlicher wie auch in psychischer Hinsicht anstrengender als die anderen Fächer sein. Im normalen Schulalltag „ist der Sportpädagoge einer enormen körperlichen und seelischen Stresssituation ausgeliefert, die im Schulbereich keine Parallele hat. Aus stundenplantechnischen Gründen ist der Fachlehrer gezwungen, in den Schulpausen zwischen Klassenzimmern, Übungsstätten und Umkleideräumen hin und her zu hetzen. Die kurze, aber notwendige Zeit der Regeneration zwischen den Schulstunden wird vielfach das Opfer der fachspezifischen Hektik" (Etzelstorfer 2010, S. 797f.). Schaut man auf die psychischen Belastungen im Sportunterricht, so entstehen sie „vor allem durch die ständig erhöhte Aufmerksamkeit wegen der latent vorhandenen Unfallgefahr, die verstärkte Aggression und das soziale Fehlverhalten bei Schülern, den häufig wechselnden Ordnungsrahmen im Unterricht, die erhöhte mentale Anspannung durch die Notwendigkeit, eine Vielzahl von gleichzeitig auftretenden Aufgaben zu bewältigen, und die Belastung durch doppelt oder dreifach belegte Sportstätten" (Kuhlmann/Balz 2014, S. 148).

Welche Rolle bei all diesen Herausforderungen, denen sich eine Sportlehrerin stellen muss, die Körpersprache spielt, wurde in der obigen Arbeit ausführlich dargestellt und wird im Folgenden mit Beispielen aus meinem Blockpraktikum untermauert, in dem ich Schüler aus den Jahrgängen sechs bis acht unterrichtete. Da es sich ausschließlich um männliche Schüler handelte, wird auch die maskuline Form für die Beschreibung genutzt.

Weil ich mich bereits seit einigen Wochen mit dem Thema der Seminararbeit befasse, war es mir ein Anliegen einige körpersprachliche Experimente in meinen Unterricht einfließen zu lassen. Dabei stellte ich fest, dass es hochinteressant ist, sich auf die Körpersprache zu konzentrieren, mit ihr zu sprechen, ja sogar zu spielen und dass man mit ihr die unterschiedlichsten Reaktionen hervorrufen kann. Ich beschloss zum Beispiel die Körperhaltung zu variieren, auf die es in der Sporthalle besonders ankommt. Da sich die Schüler durchaus mehrere Meter vom Lehrkörper entfernt aufhalten, ist die Mimik nicht so aussagekräftig und deutlich wie sie es im Klassenzimmer wäre. Gerade bei Ansagen, die quer durch die Halle erfolgten, kam ich zu unterschiedlichen Ergebnissen, je nach dem wie ich mich verhielt. Wenn ich sie ohne Körperspannung und mit hängenden Schultern machte, kam im Grunde fast gar nichts bei den Schülern an. Mein Körper sagte etwas anderes als meine Stimme und unbewusst reagierten die Schüler auf meine Körpersprache und fuhren mit ihrer jeweiligen Tätigkeit fort. Als ich an anderer Stelle jedoch eine Ansage mit aufrechter

Körperhaltung, aktiver Muskelspannung und mit Luft in den Lungen machte, unterbrachen die Schüler sofort ihr Tun und folgten quasi augenblicklich meinen Anweisungen. Ich war selbst überrascht, wie klar die Körpersprache spricht und wie gut sie verstanden wird und so wurde mir schnell bewusst, dass die Körperhaltung besonders im Sportunterricht von essentieller Bedeutung ist. Es bestätigte sich, dass der überwiegende Teil der Kommunikation über die Körpersprache abläuft (vgl. Heidemann 2003, S. 100).

Die Mimik hat einen besonderen Stellenwert bei der Körpersprache. Sie lässt sich nicht fälschen ohne aufzufallen und da ich mich vor den Schülern nicht unglaubwürdig machen wollte, unterließ ich sämtliche Experimente mit meinem Gesichtsausdruck. Die Resultate, die ich damit erzielt hätte, hätten meiner Meinung nach wahrscheinlich auch nur die Theorien zur Körpersprache bestätigt. Ich wollte deshalb das Risiko, von den Schüler als unangenehm oder nicht ernst zu nehmend empfunden zu werden, gar nicht erst eingehen.

Mit dem Blickkontakt verhält es sich da schon anders. Mit einem tadelnden Blick gelang es mir, Schülern ihr Fehlverhalten zu verdeutlichen und sie zum Beispiel dazu zu bewegen, ohne Murren vom Mattenwagen zu steigen. Aufmunternde oder gar lobende Blicke zeigten ebenfalls während des gesamten Blockpraktikums, wie wirksam die aktive Arbeit mit Blickkontakten ist. Die Schüler reagierten auch hier wie bei der Körperhaltung durchweg, wie es zu erwarten war. Wo bei einem verbalen Kommentar des Lehrkörpers dem Schüler die Möglichkeit gegeben wird, sich zu rechtfertigen, Gegenargumente zu bringen oder gar mit stumpfem ‚Aber' zu antworten, wurde die körpersprachliche Aussage angenommen, ohne hinterfragt zu werden.

Der Gestik bedienten wir uns - ohne um die wissenschaftliche Bedeutung zu wissen – bereits im Tagespraktikum. Nahezu alle Rituale erfolgen in der Sporthalle über die Gestik. Ob nun mit den Armen ein Kreis gebildet wird um einen Innenstirnkreis anzusagen, mit den Handflächen nach unten zeigend die Absitzbewegung erfolgt oder die Richtung angezeigt wird, in die die Schüler gehen, laufen, werfen oder springen sollen – in allen Fällen bedarf es der Gestik. Aufgrund dieser Erfahrung und in dem Bewusstsein, dass die Rituale funktionieren und man es ohne diese recht schwer hat, 30 Schüler zu manövrieren, verzichtete ich hier auf weitere Versuche, auch um ihre festgelegte und fortlaufende Wirkung nicht zu untergraben.

In jeder Situation ist die Positionierung des Lehrkörpers im Raum wichtig. In der Sporthalle gibt es aber viel mehr Fläche, keine Sitzordnung wie im Klassenzimmer und mehr Möglichkeiten sich zu verstecken, sich zu verletzten, etwas kaputt zu machen oder sich vor dem Sport zu drücken. Mit der erforderlichen Aufmerksamkeit auf Sicherheitsaspekte wollte ich herausfinden, wie die Schüler auf veränderte Positionierungen reagieren. So stand ich während einiger Übungsphasen bewusst mit dem Rücken zu einigen Schülern, um zu beobachten, ob sich deren Verhalten ändert oder ob sie weiter üben würden. Im einen Fall unterließen sie zur Gänze jede sportliche Tätigkeit und im anderen Fall war den Schülern die scheinbare Abwesenheit des Lehrkörpers egal und sie übten weiter. Im zuletzt genannten Beispiel handelte es sich aber um sehr sportbegeisterte Schüler, die einfach Spaß an den Übungen hatten und sich darum nicht beirren ließen. Im ersten Fall handelte es sich um weniger Sportbegeisterte, die die Gelegenheit dankbar wahrnahmen, dass der Lehrkörper nichts sieht. Bei der Wiederholung dieses Experiments wurde deutlich, dass der Anteil der Schüler, die selbstständig weiter übten geringer war als der Anteil der Schüler, die sofort Pause machten. Das zeigt, dass man sich als Sportlehrer stets bewusst positionieren sollte. Desweiteren untersuchte ich auch, wie sich die Schüler verhielten, wenn ich bei Besprechungen oder Reflexionen stand und auf sie herab blickte oder wenn ich mich auf ihre Augenhöhe begab und mich zu ihnen setzte. Die Aufmerksamkeit blieb annähernd gleich, aber die Schüler schienen sich wohler zu fühlen, wenn ich auf Augenhöhe mit ihnen sprach. Insgesamt stellte ich fest, dass die richtige Positionierung im Raum für den Sportlehrkörper von ganz besonderer Wichtigkeit ist, zum Beispiel um Regeln einzufordern, auf Spielregeln zu achten, das soziale Miteinander im Blick zu behalten und gleichzeitig auf Sicherheitsaspekte und korrekte Ausführung der Übungen zu achten.

Bei den im Folgenden gezeigten Abbildungen handelt es sich um gestellte Bilder aus meinem Sportunterricht während des Blockpraktikums, die zum Zwecke dieser Arbeit angefertigt wurden, um das zuvor Beschriebene zu veranschaulichen.

Die Kommunikation erfolgt von oben nach unten zu den Schülern. Weniger angesprochen werden sich die Schüler fühlen, die weiter entfernt sitzen. Es ist zu hinterfragen, wo sie mit ihrer Aufmerksamkeit sind (vgl. Brodbeck 2002, S. 8).

Sitzen die Schüler in der U-Form, sind alle näher beieinander und der Blickkontakt zu allen Schülern ist gewährleistet. Unaufmerksame Schüler werden sofort erkannt (vgl. ebd.).

Die Schüler sitzen wiederum in der vorteilhaften U-Form, aber die Kommunikation erfolgt auf Augenhöhe, auch wenn der Lehrer etwas tiefer sitzt. Die Schüler fühlen sich wohler und mehr in das Gespräch einbezogen, was vor allem für Reflexionen hilfreich ist.

Hier wird Heidemanns Rat, dass der Lehrer in voller Körpergröße zu sehen sein soll, nicht befolgt (vgl. Heidemann 2003, S. 91). Die Schüler könnten den Eindruck gewinnen, dass der Lehrer hinter dem Kasten Schutz sucht.

Durch diese Haltung wirkt der Lehrer verkrampft. Er wird nicht in der Lage sein, seine Körpersprache wirkungsvoll einzusetzen (vgl. ebd., S. 104). Die Kombination der verschränkten Arme und das Anlehnen wirkt unsicher und wenig zugewandt.

Im Gegensatz zum obigen Bild wirkt der Lehrer entspannt, an den Schülern interessiert und kann seine Körpersprache sofort einsetzen. Das Anlehnen vermittelt hier nicht den Eindruck von Unsicherheit.

„Im Sportunterricht kommen Berührungen öfters vor als im Kanonunterricht. Jedoch mit Berührung sollte auch im Sportunterricht bewusster umgegangen werden. Jede unangenehme Berührung versteht auch der Schüler als Eingriff in seine ‚Raumblase'. Diese ‚Raumblase'" muss man sich in einem Abstand von ca. einer Armlänge um eine Person herum vorstellen" (Brodbeck 2002, S. 10).

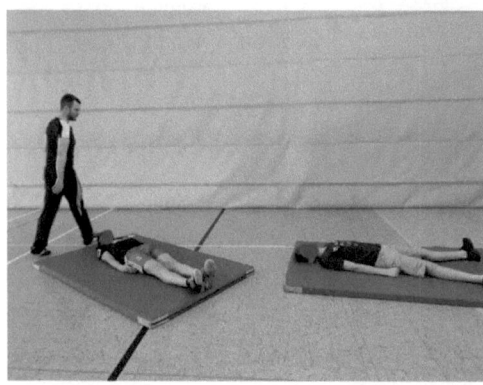

Hier wird der erforderliche Abstand nicht eingehalten, da der Lehrer zu dicht am Kopf des Schülers vorbei geht. Dies ist ein respektloser Eingriff in die Intimzone des Schülers. Der Lehrer bedenkt nicht, wie bedrohlich er auf den Schüler wirken könnte.

Wenn man weiß, wie unangenehm Schülern Berührungen sind, weil sie einen Eingriff in ihre Intimzone darstellen, kann man dies berücksichtigen, indem man den Schüler vorher fragt, ob er mit einer Berührung zur Haltungskorrektur einverstanden ist (vgl. ebd.).

Diese Bilder zeigen, dass es angebracht wäre, von Sportstudenten Videoaufzeichnungen ihres Sportunterrichts anzufertigen, damit sie die eigene Körpersprache als Empfänger dekodieren und die daraus gewonnenen Erkenntnisse umzusetzen können.

Fazit

In der vorliegenden Seminararbeit wurde dargestellt, wie es einer Lehrerin gelingen kann, sich mit Hilfe körpersprachlicher Signale im Schulalltag zu behaupten und Fehler, die Missverständnisse in der Kommunikation mit ihren Schülerinnen zur Folge hätten, zu vermeiden. Die in dieser Arbeit gewonnene Erkenntnis, dass nonverbale Signale weitaus wirksamer sind als verbale, ist für das eigene Unterrichten von fundamentaler Bedeutung und gerade das wird gewöhnlich unterschätzt.

Ohne dieses Wissen kann es vorkommen, dass eine Lehrerin gar nicht bemerkt, dass eine Schülerin, von der sie denkt, sie habe nicht auf sie *gehört*, exakt die Reaktion zeigt, die ihre Körpersprache herausgefordert hat. Womöglich unterstellt sie dem Kind sogar absichtliches Fehlverhalten und die Beziehung zwischen den beiden ist gestört. Weiß eine Lehrerin jedoch um die Wirkung ihrer körpersprachlichen Signale und wie sie sie einsetzen kann, werden viele Missverständnisse gar nicht erst entstehen. Verstanden zu werden in dem, was man ausdrücken möchte, hebt mit Sicherheit das Selbstbewusstsein und dies erleichtert die Arbeit mit den Schülerinnen ungemein.

Aus dieser Arbeit ergibt sich, wie wichtig es ist, sich schon vor der ersten Begegnung mit einer Klasse über die Wirkung der eigenen Körpersprache im Klaren zu sein. Jede Fachlehreranwärterin sollte sich schon während der Ausbildung mit dieser Thematik beschäftigen. „Es erstaunt eigentlich, dass die traditionelle Didaktik und Unterrichtsmethodik die Aspekte der unbewussten Wirkungen des ‚Vor-der-Klasse-Stehens' bisher so wenig beachtet hat. Unsere Wahrnehmung funktioniert eben nicht so rein sachlich, wie die ‚Lehrstoffvermittler' es immer noch glauben …" (Müller 2008, S. 30).

So wichtig die Vermittlung des Fachwissens, das man in den einzelnen Modulen erwirbt, auch sein mag, dürfte Lehramtsanwärterinnen, die Bedeutung ihrer Körpersprache nicht vorenthalten werden. Wenn man liest, dass Studentinnen freiwillige Fortbildungsveranstaltungen besuchen und die angebotenen Kurse den Andrang nicht aufnehmen können, wird dies deutlich (vgl. Košinár 2000, S. 12).

Fasst man die in der Seminararbeit gewonnenen Erkenntnisse zusammen, drängt sich der Gedankte auf, dass in der Ausbildung am Fachseminar ein entscheidendes Modul fehlt. Das Modul ‚Körpersprache im Unterricht' müsste fester Bestandteil der Ausbildungsinhalte am Seminar sein, besonders wenn Hilbert Meyer recht hat mit seiner Aussage „Wer keine differenzierte Körpersprache hat, kann kein guter Lehrer sein" (Meyer 2008, S. 389).

Quellenverzeichnis

Allhoff, D.-W./Allhoff, W.: Rhetorik & Kommunikation. Ein Lehr- und Übungsbuch. 14. Auflage. München (Reinhardt) 2006.

Argyle, M.: Körpersprache & Kommunikation: Nonverbaler Ausdruck und soziale Interaktion. 10. Auflage. Paderborn (Jungfermann) 2013.

Brodbeck, W.: Körpersprache im Sportunterricht. In: Lehrhilfen für den Sportunterricht, Schorndorf, 51 (2002) Heft 9. Schorndorf (Karl Hofmann GmbH & Co.) 2002.

Caswell, Ch./Neill, S.: Körpersprache im Unterricht. Techniken nonverbaler Kommunikation in Schule und Weiterbildung. 6. Auflage. Münster (Daedalus) 2009.

Dirnberger, G.: Mimik. 2016. URL: https://www.pschyrembel.de/Mimik/K0EAL [10.07.2018]

Eichler, D.: Körpersprache im Frontalunterricht. Körperstellung, Blickkontakt, Mimik und Gestik. In: Pädagogik 11'08. Vor der Klasse stehen, 2008 (11), 2008, S. 12-15.

Eichler, W./Pankau, J.: 1.7. Körpersprache 2018. URL: http://www.germanistik-kommprojekt.uni-oldenburg.de/sites/1/1_07.html [10.07.2018]

Eichler, W./Pankau, J.: 1.8. Kommunikationsstile... .... oder wie ich rede mit den anderen. 2018a. URL: http://www.germanistik-kommprojekt.uni-oldenburg.de/sites/1/1_08.htm [16.07.2018]

Eikenbusch, G.: Das meiste geschieht ohne Worte. 2012. URL: https://www.beltz.de/fachmedien/paedagogik/zeitschriften/paedagogik/themenschwerpunkte/lehren_und_lernen_ohne_worte.html [10.07.2018]

Ekman, P.: Gefühle lesen. Wie Sie Emotionen erkennen und richtig interpretieren. 2. Auflage. Heidelberg (Springer) 2017.

Ellgring, H.: Nonverbale Kommunikation. Einführung und Überblick. In: Rosenbusch/Schober (Hrsg.): Körpersprache und Pädagogik: Das Handbuch. Baltmannsweiler (Schneider) 2004.

Etzelstorfer, E.: „Manager im Trainingsanzug" – Was leisten Sportlehrer in ihrem Beruf?. 2010. URL: http://m.oebv.at/sixcms/media.php/504/etzelsdorfer.pdf [7.07.2018]

Fast, J.: Körpersprache. 22. Auflage. Hamburg (Rowohlt) 2000.

Fast, J.: Versteckte Signale. Berufserfolg durch Körpersprache. 2. Auflage. Düsseldorf (ECON) 1997.

Görgner, M.: Klasse Management. Oder wie man sich als Lehrer vor der Klasse behauptet. 2. Auflage. Baltmannsweiler (Schneider) 2015.

Griesser, D.: Hier spricht der Lehrkörper. 2012. URL: https://derstandard.at/1345165456947/Schueler-verstehen-Koerpersprache-ihrer-Lehrer-meist-besser-als-diese-selbst [31.05.2018]

Gudjons, H.: Frontalunterricht – neu entdeckt. Integration in offene Unterrichtsformen. Regensburg (Klinkhardt) 2003.

Gudjons, H.: Vor der Klasse stehen. Raumregie und Körpersprache. In: Pädagogik 11'08. Vor der Klasse stehen, 2008 (11), 2008, S. 6-11.

Heidemann, R.: Körpersprache im Unterricht. Ein Ratgeber für Lehrende. 7. Auflage. Wiebelsheim (Quelle & Meyer) 2003.

Košinár, J.: Körperhaltung – eine unterschätzte Ressource der Selbstregulation?. 2004. URL: http://www.koerperkompetenzen.de/JK_artikel__Koerperhaltung_2004.pdf [5.7.2018]

Košinár, J.: Körperkompetenzen verbessern. Selbstwertgefühl und natürliche Autorität trainieren und verbessern. In: Pädagogik 11'08. Vor der Klasse stehen, 2008 (11), 2008, S. 20-24.

Košinár, J.: Körperkompetenzen und Interaktion in pädagogischen Berufen. Konzepte – Training – Praxis. Bad Heilbrunn (Klinkhardt) 2009.

Košinár, J.: Körpersprache und natürliche Autorität – Überprüfung eines Seminars für die Lehrerausbildung. 2000. URL: http://www.koerperkompetenzen.de/JK_Examen__koerpersprache_2000.pdf [30.06.2018]

Košinár, J./Leineweber, S.: Ganzheitliche Stressprävention in der Lehrerausbildung. Konzept, Training und Begleitforschung. Baltmannsweiler (Schneider) 2010.

Kuhlmann, D./ Balz, E.: Sportlehrkräfte stärken! Bereiche – Befunde – Beispiele. Schorndorf (Hofmann) 2014.

Landesakademie für Fortbildung und Personalentwicklung an Schulen: 2018. URL: https://lehrerfortbildung-bw.de/st_kompetenzen/weiteres/projekt/projektkompetenz/durchfuehrung/abschlussp raes/koerpersprache/praesentation.htm [16.07.2018]

Matschnig, M.: 30 Minuten um Körpersprache zu verstehen. Offenbach (Gabal) 2007.

Matschnig, M.: Körpersprache im Beruf. Wie Sie andere überzeugen und begeistern. München (Gräfe und Unzer) 2012.

Meyer, H.: Unterrichts-Methoden. II: Praxisband. 14. Auflage. Berlin (Cornelsen) 2008.

Molcho, S.: ABC der Körpersprache. 5. Auflage. Bertesgarden (Ariston) 2009.

Molcho, S.: Körpersprache im Beruf. München (Goldmann) 1997.

Mühlisch, S.: Fragen der KörperSprache. Antworten zur non-verbalen Kommunikation. Paderborn (Jungfermann) 2007.

Müller, W..: Der Lehrer auf der Bühne des Klassenzimmers. Wirkung der Raumregie.In: Pädagogik 11'08. Vor der Klasse stehen, 2008 (11), 2008, S. 26-30.

Nitsche, P.: Nonverbales Klassenzimmer Management. 2005. URL: http://www.pearls-of-learning.com/joom/files/nvcm_leseprobe_deutsch.pdf [10.07.2018]

Plath, M.: Spielend unterrichten und Kommunikation gestalten. Warum jeder Lehrer ein Schauspieler ist. Weinheim/Basel (Beltz) 2010.

Rosenbusch, H.: Die Beachtung nonverbaler Kommunikation als Beitrag zur Kommunikationshygiene in Unterrichtsprozessen. In: Rosenbusch/Schober (Hrsg.): Körpersprache in der schulischen Erziehung. Pädagogische und fachdidaktische Aspekte nonverbaler Kommunikation. Baltmannsweiler (Schneider) 1986.

Schattenblick: Das versteckte Inventar des Unterrichts. 2016. URL: http://www.schattenblick.de/infopool/sozial/paeda/spasc474.html [31.05.2018]

Schulte-Steinicke, B.: Gestik. 2016. URL: https://www.pschyrembel.de/Gestik/T01TJ [10.07.2018]

Sollmann, U.: Einführung in Körpersprache und nonverbale Kommunikation. Heidelberg (Carl-Auer) 2013

Stangl, W.: Distanzzonen. 2018. URL: http://arbeitsblaetter-news.stangl-taller.at/distanzzonen/ [5.07.2018]

Stangl, W.: Emotion und Kognition. 2018a. URL: http://arbeitsblaetter.stangl-taller.at/EMOTION/Emotion-Kognition.shtml [5.07.2018]

Stangl, W.: Gestik. 2018b. URL: http://lexikon.stangl.eu/3677/gestik/ [28.06.2018]

Stangl, W.: Ritualisierte Gesten. 2018c. URL: http://arbeitsblaetter.stangl-taller.at/KOMMUNIKATION/KommNonverbale3.shtml [17.07.2018]

Timpner, C./Eckert, R.: Körpersprache in der schulischen Kommunikation. 2016. URL: https://www.carl-auer.de/fileadmin/carl-auer/materialien/leseprobe/978-3-8497-0093-5.pdf [16.07.2018]

Watzlawick, P./Beavin, J./Jackson, D.: Menschliche Kommunikation. Formen Störungen Paradoxien. 12. Auflage. Bern (Huber) 2011.